CONCILIATION INTERNATIONALE

* * *

Les progrès de l'Arbitrage

à l'Exposition de Bruxelles

PAR M. CH. DUFFART

(AVEC LA REPRODUCTION DES TABLEAUX EXPOSÉS ET DIVERS GRAPHIQUES)

N° 10 — OCTOBRE

DELAGRAVE, ÉDITEUR, PARIS
1910

CONCILIATION INTERNATIONALE

EXTRAIT DES STATUTS

L'Association, dite *Conciliation Internationale*, a pour objet de développer la prospérité nationale à la faveur des bonnes relations internationales, et d'organiser ces bonnes relations sur une base permanente et durable.

Elle a son siège :

à Paris, 78 bis, Avenue Henri-Martin (16e).

à Berlin, 40, Ahornallee Westend ;

à New-York, Sub-Station 84.

à Bruxelles : Office central des institutions internationales, 3 bis, rue de la Régence ;

à Londres ;

à Tokyo : Dr Tsunejiro Miyaoka, 1, Kagacho, Kyobashiku, Tokyo ;

à Odessa (Russie) : M. J. Novicow, 8, rue Jouboski ;

à Vienne : M. Alfred H. Fried, 5, Wiederhoferstrasse, Vienne ;

à Rome, à Kristiana, à Buenos-Ayres, à Rio-Janeiro, à St-Pétersbourg, à Constantinople (en formation).

Les principaux moyens d'action par lesquels elle se propose de réaliser son œuvre sont les suivants : Éducation de l'opinion. Développement de l'arbitrage. Rectification des informations tendancieuses. Revue Internationale. Publications, conférences, congrès, auditions, expositions. Diffusion des langues étrangères. Échange de visites internationales entre Parlements, commerçants, étudiants, associations scientifiques, artistiques, ouvrières, professionnelles. Missions et expéditions scientifiques. Fondation de prix et de bourses de voyage. Échange international d'enfants, d'élèves, de professeurs, d'ouvriers. Création, en dehors de tout esprit de parti, d'une *Maison des Étrangers*, centre de relations entre les personnalités d'élite du monde entier.

S'adresser pour tous renseignements, adhésions, etc., 78 bis, *Avenue Henri-Martin, Paris* XVIe. — Téléphone 697-61 et 672-88. Télégrammes CONCILIA Paris.

CONCILIATION INTERNATIONALE

Les progrès de l'Arbitrage
à l'Exposition de Bruxelles

PAR M. CH. DUFFART

(AVEC LA REPRODUCTION DES TABLEAUX EXPOSÉS ET DIVERS GRAPHIQUES)

N° 10 — OCTOBRE

DELAGRAVE, ÉDITEUR, PARIS
1910

INTRODUCTION

Il ressort du présent bulletin que, sans la participation naturelle des Gouvernements, — et comme si les Gouvernements se désintéressaient d'une telle question, — la Conciliation, le Bureau de Berne, les Groupes parlementaires de l'Arbitrage et de l'Union et les Sociétés de la Paix semblent seuls se préoccuper de dresser le tableau si important des traités d'arbitrage obligatoire conclus entre les Etats. Il y a là une lacune que l'Union interparlementaire pourrait s'attacher à combler.

Nous n'oublions pas que le Gouvernement français a dressé, sur notre proposition, une première liste de ces traités pour l'Exposition de Londres en 1908, et on doit en savoir gré à M. St. Pichon.

De son côté, le Bureau de La Haye enregistre, cela va de soi, les traités *qui lui sont notifiés*, mais il ne prend pas l'initiative, pourtant assez simple, de se mettre d'accord avec les gouvernements *pour qu'aucun traité ne lui échappe ;* en sorte que sa liste, publiée d'ailleurs très tardivement, n'a qu'une faible valeur.

Il suffirait d'une élémentaire organisation centrale bien comprise pour savoir avec quels

Etats chacune des 44 puissances signataires des conventions de La Haye a conclu des traités d'arbitrage. Si chacune de ces 44 puissances était animée du zèle qu'il faudrait, elle pourrait signer 44 traités, ce qui ferait un total de 1.936.

L'Union postale universelle a réalisé et réalise tous les jours des difficultés autrement grandes ; mais elle est organisée tandis que la Justice internationale ne l'est pas. L'Union ne pourrait-elle émettre le vœu que désormais les Gouvernements signataires des Conventions de La Haye s'entendent pour publier, en un seul et même document périodique, la liste complète et officielle de tous les traités d'arbitrage conclus chaque année ? Ce répertoire, d'une valeur pratique et scientifique inappréciable devrait comprendre, bien entendu, non pas la mention seulement mais le texte des traités ; c'est ce que prévoit l'article 43 de la Convention signée à La Haye le 18 Octobre 1907 ; c'est ce que le Ministre de France aux Pays-Bas a été invité à proposer au Conseil administratif de la Cour permanente d'arbitrage dans sa séance du 6 avril dernier ; mais c'est ce qui ne paraît pas encore près de se faire. Pourquoi ? Faute d'argent sans doute. Les puissances qui gaspillent si volontiers des milliards pour lancer des « Dreadnoughts » regardent à dépenser quelques milliers de francs pour les œuvres de progrès et de paix.

E C.

Créans, 25 Août 1910.

Les progrès

de l'Arbitrage obligatoire

à l'Exposition de Bruxelles

*   *

On se souvient des remarquables tableaux cartographiques et graphiques exposés à Londres en 1908 par le ministère des affaires étrangères et intitulés les *Progrès de l'arbitrage obligatoire de 1903 à 1908*. Sur une carte d'Europe et sur des diagrammes simples et parlants le réseau des traités d'arbitrage obligatoire conclus par les puissances de l'Europe entre elles et avec les autres puissances du globe, depuis le traité franco-anglais du 14 octobre 1903 (le début de l'*Entente cordiale*), était officiellement offert aux méditations des millions de visiteurs de la section d'économie sociale de l'Exposition franco-anglaise de Londres. C'était la première consécration officielle du succès d'une œuvre de vie et de paix devant l'opinion ; la première constatation par deux grandes puissances mondiales du progrès des idées de conciliation internationale, de concessions réciproquement acceptées et du triomphe, désormais assuré, malgré quelques reculs inévitables, « quelques pas dans le sable », de la justice sur la force.

Il fut un temps où, pour montrer aux peuples les progrès des idées nouvelles sur les relations entre les nations, on aurait recouru aux symboles de la peinture et de la sculpture. Certes, la splendide vision classique d'une déesse de la Paix semant ses bienfaits sur le monde et évoquée par l'artiste épris de la magie des couleurs et des lignes est susceptible de démonstrations utiles ; mais les œuvres d'art et surtout les œuvres symboliques ne peuvent être comprises que par une élite dont l'initiation a été préparée dès longtemps aux sensations que les foules moyennes ne sauraient ressentir. A celles-ci, il faut des démonstrations sans équivoques, sans rêveries, précises et nettes, concrètes comme l'instruction primaire qu'elles ont reçue et l'éducation fruste qu'on leur a donnée et qui n'ont pas pu les préparer à la compréhension utile des

subtilités et des complications du grand art.
Le peuple est réellement artiste, car il est
épris du beau, du vrai, du bon, mais il
n'admire que cela et c'est ce qui explique qu'il
ne comprend pas et ne saurait comprendre
tant d'œuvres, pourtant faites pour lui, et
pour son édification, mais trop nuageuses.

Aussi le ministère des affaires étrangères
Français et les hommes qui eurent l'heureuse
idée de lui faire prendre l'initiative de son
Exposition à Londres furent-ils bien inspirés
en faisant appel à la science graphique pour
éclairer l'opinion sur les *Progrès de l'arbitrage
obligatoire*, forme nouvelle de la solution des
conflits internationaux, en dehors des complications et des susceptibilités des diplomaties
jalouses et brouillonnes, et des désastres de
guerres meurtrières et ruineuses. L'opinion
comprit ; elle vit des faits indiscutables et
irréfutables, réitérés, plus nombreux d'année
en année ; elle devina que les ententes internationales pour la paix dans l'avenir n'étaient
pas plus chimériques que les ententes internationales d'autrefois pour la guerre ; qu'il
est moins difficile de s'entendre pour la vie
que pour la mort, puisque du 1er janvier 1900
au 6 avril 1908, cent quatre-vingt douze traités
d'arbitrage sur de multiples questions
internationales litigieuses avaient été conclus
par trente-quatre nations entre elles dont

quinze puissances européennes lesquelles, à dater du 14 octobre 1903, avaient conclu à elles seules cent deux traités en moins de cinq ans.

Le succès de l'Exposition du ministère des affaires étrangères fut très vif. Elle fut officiellement inaugurée au nom du gouvernement devant des délégations des Parlements français et anglais, sous la présidence de l'ambassadeur de France à Londres et de M. d'Estournelles de Constant, sénateur, président du groupe parlementaire français de l'arbitrage international. Le ministère obtint, au titre de simple exposant de la section des sciences sociales, un grand prix et plusieurs hautes récompenses pour ses collaborateurs.

.*.

L'Exposition du ministère des affaires étrangères, vulgarisée par les reproductions lithographiques et par les cartes postales en plusieurs langues répandues à profusion dans le monde par les soins de la Société de Conciliation internationale et par le groupe parlementaire français de l'arbitrage, ne devait pas être une manifestation sans lendemain. Son renouvellement périodique était la conséquence même de l'exemple qu'elle donnait à la méditation des peuples. L'accrois-

RÉSEAU
DES
TRAITÉS D'ARBITRAGE
OBLIGATOIRE
entre les Etats Européens
1903 - 1910
ET TRAITÉS CONCLUS AVEC LES AMÉRICAINS
1901 - 1910
Chaque traité est représenté par une
Ligne rouge reliant les Capitales des
deux Etats contractants
6 Les Chiffres indiquent
le nombre des Traités de
chacun de ces Etats
Carte dressée en 1908 par
le Ministère des
Affaires Etrangères
français
Mise à jour et exposée
à Bruxelles en 1910, par
la CONCILIATION INTERNATIONALE ; M. Av. Avenue Henri Martin, Paris.
RUSSIE
NORVÈGE
SUÈDE
DANEMARK
GRANDE BRETAGNE
PAYS BAS
BELGIQUE
ALLEMAGNE
AUTRICHE HONGRIE
ROUMANIE
FRANCE
SUISSE
ITALIE
ESPAGNE
PORTUGAL
GRÈCE
ÉTATS-UNIS
BRÉSIL
ÉTATS-UNIS
BRÉSIL
ÉTATS-UNIS
ÉTATS-UNIS
ÉTATS-UNIS
COLOMBIE
BRÉSIL
NICARAGUA
ÉTATS-UNIS
COLOMBIE
BRÉSIL
ÉTATS-UNIS
ÉTATS-UNIS
ÉTATS-UNIS
MEXIQUE
PÉROU
ARGENTINE
ÉTATS-UNIS
BRÉSIL
ARGENTINE
ÉTATS-UNIS
MEXIQUE
GUATÉMALA
HONDURAS
SALVADOR
NICARAGUA
ST DOMINGUE
COLOMBIE
BOLIVIE
BRÉSIL
URUGUAY
ARGENTINE
11
12
1
5
10
21
13
10
14
12

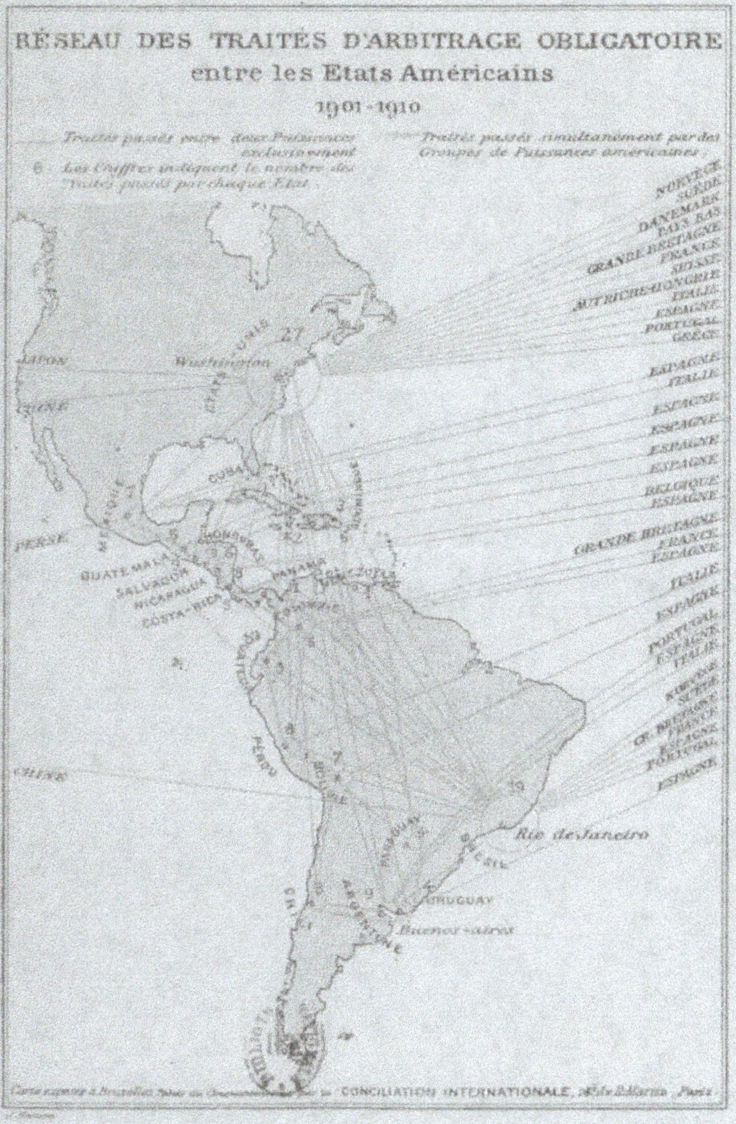

RÉSEAU DES TRAITÉS D'ARBITRAGE OBLIGATOIRE
entre les Etats Américains
1901-1910
Traités passés entre deux Puissances exclusivement
Les Chiffres indiquent le nombre des Traités passés par chaque État
Traités passés simultanément par des Groupes de Puissances américaines
NORVÈGE
SUÈDE
DANEMARK
PAYS-BAS
GRANDE-BRETAGNE
FRANCE
SUISSE
AUTRICHE-HONGRIE
ITALIE
ESPAGNE
PORTUGAL
GRÈCE
ESPAGNE
ITALIE
ESPAGNE
ESPAGNE
ESPAGNE
BELGIQUE
ESPAGNE
GRANDE-BRETAGNE
FRANCE
ESPAGNE
ITALIE
ESPAGNE
PORTUGAL
ESPAGNE
ITALIE
NORVÈGE
SUÈDE
GR. BRETAGNE
FRANCE
ESPAGNE
PORTUGAL
ESPAGNE
JAPON
CHINE
PERSE
CHINE
ÉTATS-UNIS
Washington
MEXIQUE
CUBA
HONDURAS
GUATEMALA
SALVADOR
NICARAGUA
COSTA-RICA
PANAMA
VENEZUELA
COLOMBIE
ÉQUATEUR
PÉROU
BOLIVIE
BRÉSIL
CHILI
PARAGUAY
URUGUAY
ARGENTINE
Rio de Janeiro
Uruguay
Buenos-Aires
27
19
CONCILIATION INTERNATIONALE, Paris

sement du nombre des traités d'arbitrage obligatoire se poursuivait pendant même qu'à l'Exposition de Londres le tableau exposé l'arrêtait au chiffre de 120 traités européens conclus depuis octobre 1903. Au cours de cette même année 32 traités nouveaux étaient signés et à la fin de 1909 leur nombre total s'élevait à 288.

La démonstration se faisait chaque jour que la diplomatie, cessant de résister à l'immense courant qui entraîne le monde vers la conception d'une paix durable et moins précaire, s'empressait, au contraire, de prévenir l'opinion sinon de la devancer en multipliant le nombre des traités d'arbitrage obligatoire, en saisissant toutes les occasions favorables de régler éventuellement par des protocoles les conflits qui séparent encore les puissances et auxquels il ne suffisait jusqu'à ce jour que d'une occasion fortuite ou futile — souvent les deux — pour déchaîner entre des peuples qui n'y comprenaient rien la guerre stupide et ruineuse.

* *

C'était sur l'initiative, au Parlement, de M. le sénateur d'Estournelles de Constant, membre de la Cour de La Haye, que le ministère des affaires étrangères avait fait inscrire en 1908, au budget de son département,

les frais de sa participation à l'Exposition d
Londres. En 1910, en vue de l'Exposition d
Bruxelles, la Société de Conciliation Interna
tionale a pris à sa charge la réfection et l
mise à jour, d'après les données du bureau d
Berne et celles du ministère des affaire
étrangères de Paris, du grand tableau de 190
pour l'adjoindre à sa propre exposition de
progrès de l'arbitrage jusqu'en 1910.

L'exposition des progrès de l'arbitrag
obligatoire par la Société de Conciliatio
Internationale offre un intérêt nouveau e
inattendu. A l'Exposition de Londres, l'Europ
seule figurait réellement par ses traité
intereuropéens auxquels s'ajoutaient ceux qu
des puissances européennes avaient pass
avec des puissances américaines et asiatiques
mais les nombreux traités interaméricain
qui avaient tracé la voie du progrès bien avan
le mois d'octobre 1903, et qui l'on élargi
depuis, n'y figuraient pas.

C'est la carte de ces traités que le peintr
géographe J. Hansen a dressée pour l
Conciliation Internationale, d'après les liste
du Bureau de Berne, (car les Gouvernement
et le Bureau même de La Haye, dont ce serai
pourtant le strict devoir, ne nous tiennent pa
au courant); cette carte figure depuis le 28 ma
à côté de la carte d'Europe dressée il y a deu
ans et mise à jour, dans la section d'économi

sociale à l'Exposition de Bruxelles. Les deux cartes font un tout complet.

On y lit le réseau des conventions d'arbitrage obligatoire tracées en autant de lignes rouges reliant les capitales qu'il y eut de traités.

L'ensemble des deux cartes est saisissant de réalité réconfortante. Les deux reproductions ci-jointes n'en donnent qu'une bien faible idée. On a le sentiment, en jetant un coup d'œil sur les deux immenses cartes qui couvrent un panneau de 35 mètres carrés, que le réseau des solutions pacifiques dans les grands conflits internationaux se resserrera désormais de plus en plus pour la plus grande quiétude de l'humanité, la sécurité de la vie économique du globe. On devine en s'arrêtant devant ces deux grandioses tableaux, pourtant si simples, que les puissances ne cesseront de perfectionner leurs conventions et qu'elles y ajouteront des clauses bienfaisantes d'année en année ; qu'elles étendront surtout leurs conventions générales et spéciales d'arbitrage à une foule de cas qui ne semblaient pas autrefois devoir être tranchés autrement que par les armes.

Un certain nombre de ces conventions a trait à des questions d'ordre colonial ; il est indispensable que l'expansion coloniale ne puisse être désormais une cause, si éloignée

soit-elle, de différends entre les métropoles ;
celles-ci en arriveront rapidement à prendre
l'habitude de passer des conventions générales
sans restriction, sûres de l'intégrité de la
justice internationale et sans crainte de
heurter les sentiments patriotiques ou
d'amour-propre très légitimes des peuples. Il
n'est pas d'exemple dans l'histoire des sentences arbitrales du passé — car il y en a eu
pendant les XVIIIᵉ et XIXᵉ siècles — qu'une
seule de ces sentences ait été violée par une des
deux nations en conflit qui en étaient l'objet.
Il est peu probable qu'il en soit autrement
désormais ; les 288 traités passés entre les
puissances mondiales depuis dix ans sont
288 risques de guerres écartés ; c'est déjà très
beau.

La multiplicité des traités d'arbitrage
international obligatoire et leur application
au plus grand nombre possible de cas est une
garantie de paix générale. C'est l'achemine-
ment vers la Convention universelle d'arbitrage
obligatoire dont le projet fut élaboré par la
deuxième Conférence de la Haye le 5 octobre
1907, et repoussé seulement par cinq puissances sur quarante-quatre. Quand on songe
que les puissances qui se déclaraient prêtes
à signer une Convention générale d'arbitrage
représentaient 1.285 millions d'habitants
civilisés du globe contre 167 millions seu-

lement d'habitants des Etats adversaires du projet et que plusieurs de ces derniers ont signé depuis des traités particuliers d'arbitrage,[1] il y a lieu d'espérer qu'un des premiers actes de la prochaine Conférence de la Haye sera la réalisation du projet de 1907.[2]

.·.

Les nations coloniales comme la France et l'Angleterre et même l'Allemagne, trouveraient dans une convention universelle une véritable assurance contre les multiples cas de conflit qui peuvent surgir soudainement dans l'avenir par suite de l'extension même de leurs domaines extérieurs et du *struggle for life*, plus âpre chaque jour dont ils sont le champ illimité.

Charles DUFFART.

---

(1). Voir les cercles ci-joints répandus par la Conciliation dans tous les pays du monde.

(2). Ne manquons pas, en attendant, de constater que l'Allemagne qui faisait partie de l'opposition de la Haye n'en a pas moins elle-même pris la très honorable initiative de proposer le règlement arbitral du conflit de Casablanca.

PROJET
DE
CONVENTION UNIVERSELLE D'ARBITRAGE OBLIGATOIRE
ÉLABORÉ PAR LA DEUXIÈME CONFÉRENCE de LA HAYE
Repoussé par 5 Puissances sur 44, adopté par 35 et 4 Abstentions
(Séance du 5 Octobre 1907)

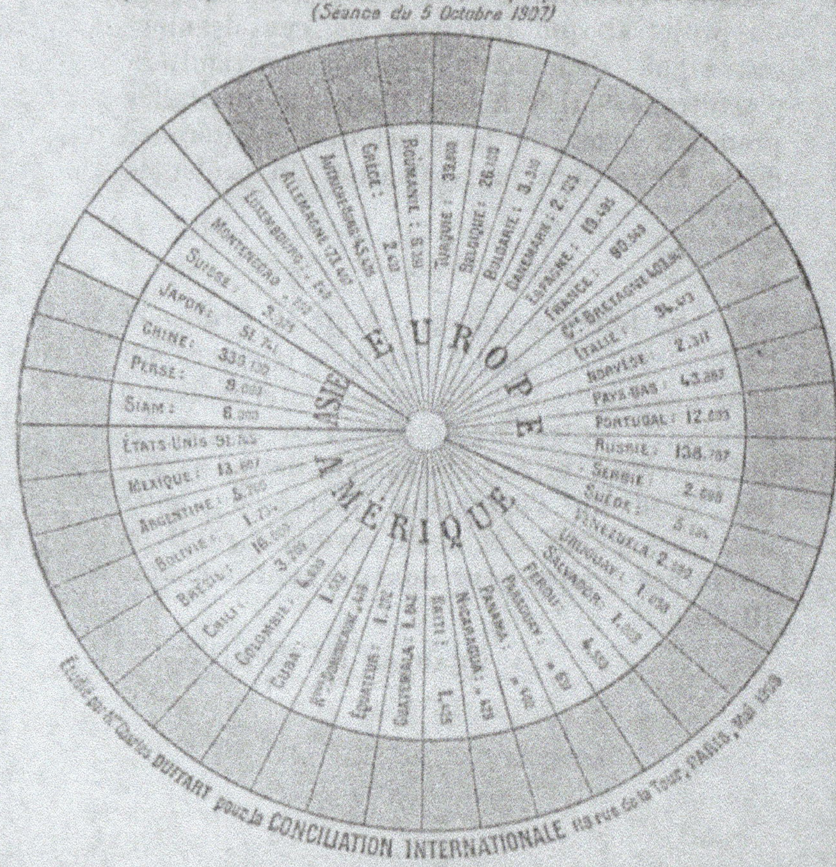

LÉGENDE

Les CHIFFRES inscrits dans ce cercle sont extraits des Almanachs de Gotha; ils EXPRIMENT
LA POPULATION MÉTROPOLITAINE ET COLONIALE DE CHAQUE ÉTAT
Les chiffres gras représentent des MILLIONS

POUR		35 PUISSANCES	1.285.272.000 hab.ᵗˢ
ABSTENTIONS		4 PUISSANCES	55.562.000 »
CONTRE		5 PUISSANCES	167.436.000 »

Document de la Conciliation Internationale

PROJET
DE
CONVENTION UNIVERSELLE D'ARBITRAGE OBLIGATOIRE
ÉLABORÉ PAR LA DEUXIÈME CONFÉRENCE de LA HAYE
Repoussé par 8 Puissances sur 44, adopté par 33 et 3 Abstentions
(Séance du 7 Octobre 1907)

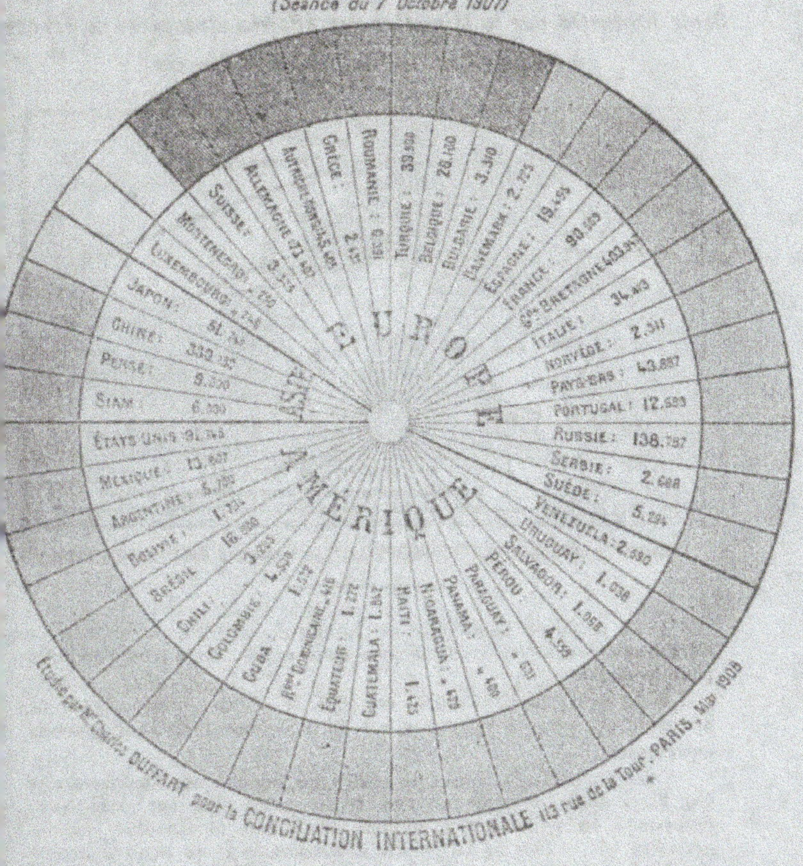

LEGENDE

Les CHIFFRES inscrits dans ce cercle sont extraits des Almanachs de Gotha; ils EXPRIMENT
LA POPULATION MÉTROPOLITAINE ET COLONIALE DE CHAQUE ÉTAT

Les chiffres gras représentent des MILLIONS

POUR	33 PUISSANCES	1.255.802.000 hab[ts]
ABSTENTIONS	3 PUISSANCES	52.237.000 »
CONTRE	8 PUISSANCES	200.231.000 »

Document de la Conciliation Internationale

UN RÉSULTAT DE LA CONFÉRENCE DE LA HAYE

Carte présentée par le Ministère des Affaires étrangères de Fran[ce]
à l'Exposition de Londres (Mai-Octobre 1908)

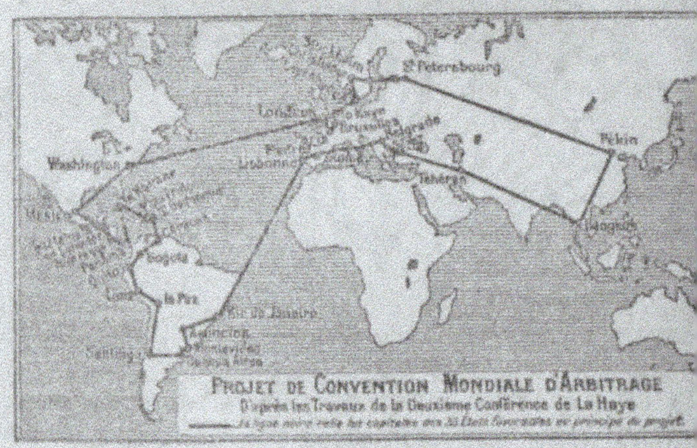

Édité par la CONCILIATION INTERNATIONALE, 78bis Avenue Henri-Martin, Paris

A la première Conférence de La Haye, en 1899, le principe [de]
l'Arbitrage Obligatoire avait été posé mais écarté, faute d'une major[ité]
pour le soutenir.

A la deuxième Conférence, en 1907, le même principe, posé [à]
nouveau, est accepté cette fois par 35 Puissances sur 44 Puissan[ces]
représentées.

Cette majorité, composée de toutes les Républiques Américaines [et]
des États dont les capitales sont reliées entre elles sur cette car[te]
représente un milliard 285 millions d'habitants et constitue pour [la]
première fois le bloc de la justice internationale et de la paix dans [le]
Monde. La minorité composée de 5 opposants : l'Allemagne, l'Autrich[e-]
Hongrie, la Roumanie, la Grèce et la Turquie ; plus 4 abstentions [:]
le Japon, la Suisse, le Monténégro et le Luxembourg, représen[te]
222 millions d'habitants, soit un sixième de la majorité. — Encore [les]
oppositions ou les abstentions ont-elles été motivées par des considéra[-]
tions d'opportunité et non *d'hostilité systématique*.

Il est donc vraisemblable que la troisième Conférence verra tous [les]
États s'unir sans exception par un traité mondial d'arbitrage, comme ils
sont déjà par la convention postale universelle.

Collection de la Conciliation Internationale

www.ingramcontent.com/pod-product-compliance
Lightning Source LLC
LaVergne TN
LVHW021806060726
842528LV00003B/1168